LA

TRISTESSE PATRIOTIQUE

LE PELERINAGE DE METZ

DISCOURS

Prononcé au petit Séminaire de la Chapelle Saint-Mesmin,

près Orléans, le 3 novembre,

Et au Séminaire de Saint-Cheron, près Chartres,

le 10 novembre 1874,

PAR

FRÉDÉRIC GODEFROY

Lauréat de l'Académie française et de l'Académie des Inscriptions et Belles-Lettres.

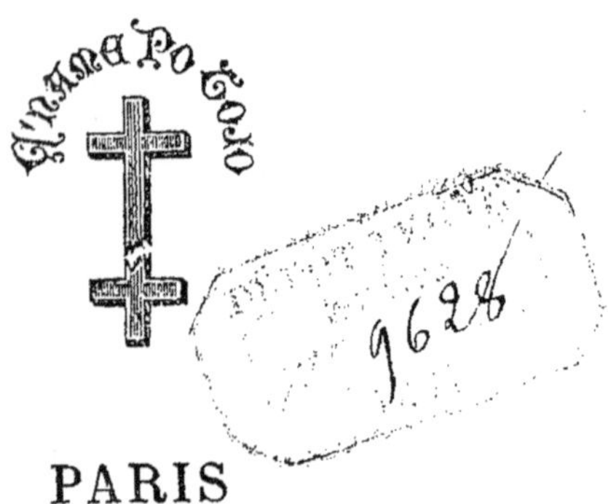

PARIS

LIBRAIRIE ADRIEN LE CLERE

HENRI LE CLERE, REICHEL et Cie, Srs

ÉDITEURS DE N. S. P. LE PAPE ET DE L'ARCHEVÊCHÉ DE PARIS

29, RUE CASSETTE, 29.

1874

EXPLICATION

Cette vignette est celle d'un papier à lettre dont l'usage s'est répandu à Metz et aux environs depuis le jour de la fatale séparation. La figure, la croix de Lorraine brisée, se comprend facilement. Quant à la devise qui l'accompagne

C' n' a me po tojo,

elle signifie dans le patois du pays messin :

CE N'EST PAS POUR TOUJOURS

Cette devise, dont la langue appartient à la vieille souche du français le plus authentique, prouve, contre certaines allégations mensongères, ce que sont, quant à leur origine, les populations de la contrée. Elle montre au juste dans quel esprit ces populations acceptent le sacrifice douloureux commandé pour le salut de la France à une partie de ses enfants.

Nous avons publié une grande étude sur le petit séminaire de la Chapelle Saint-Mesmin, dont la renommée est d'ailleurs si répandue. Il nous suffira de dire ici que nous avons été heureux de le retrouver aussi florissant que jamais par la sage et intelligente direction des maîtres, par le nombres des élèves, par leur ardeur au travail, par leur amour de la discipline. Cette jeunesse-là ne démentira pas les espérances que notre chère patrie fonde sur elle.

Le petit séminaire de Saint-Cheron est aussi une pépinière d'où sortiront des hommes comme les besoins du pays en réclament.

Saint-Cheron n'est petit séminaire que depuis cinquante ans. Pour raconter en peu de lignes l'histoire de ce lieu célèbre, nous nous aiderons principalement des données que nous fournit un discours prononcé par un illustre ancien élève et professeur de cette maison, Mgr Pie, évêque de Poitiers, lors de la consécration, au mois de novembre 1869, de la nouvelle église du petit séminaire.

Caraunus (d'où nous avons tait Cheron), fils de sénateur,

admiré pour sa science par tous ceux qui ne connais-
saient pas sa piété, eut de bonne heure l'inspiration de
renoncer à toute gloire humaine, à tout avantage terrestre,
pour se dévouer entièrement à l'apostolat. Un mouvement
intérieur, qui venait de Dieu et de la Madone de Chartres,
le poussa vers la Gaule, et, après avoir rendu Marseille
et Lyon témoins de ses vertus et de ses miracles, le porta
à venir évangéliser le pays chartrain, où il eut bientôt
détruit toutes les traces de l'idolâtrie. Son œuvre con-
sommée, le saint, averti de Dieu que la gloire du martyre
lui était réservée, demanda, comme une grande faveur,
aux compagnons de son apostolat, d'être enterré sur
la colline qui depuis porta son nom. « Il avait vu après lui,
dit Mgr Pie, les générations chrétiennes ambitionnant
de reposer auprès de son sépulcre. Apôtre pendant sa vie,
il avait aperçu dans le lointain des âges une pépinière
croissant sur son tombeau. La prédiction s'est accomplie.
Les ossements du martyr ont germé du fond de leur
demeure. La montagne, engraissée de ce sang vénérable,
fut désormais appelée la montagne sainte : *Unde et mons
sanctus digne extat vocitatus.* Pendant plusieurs siècles,
il ne mourait pas un chrétien dans la cité qui ne voulût
que sa dépouille mortelle fût sanctifiée par le contact de
celle du martyr; en sorte que toute la montagne devint
un vaste cimetière, et présentement encore, sur quelque point qu'on ouvre la terre, disent des auteurs assez
récents, on y trouve partout des sépulcres. Des grâces
extraordinaires, des prodiges surnaturels augmentaient
cette dévotion. » Un magnifique sanctuaire s'éleva sur
cette terre bénie. « Pendant une longue suite de siècles,
continue Mgr de Poitiers, cette montagne a été le rendez-
vous d'un grand nombre de pèlerins, qui accouraient de

toutes parts, et qui, après avoir visité la sainte Dame de Chartres, s'empressaient de venir vénérer l'église et les reliques de saint Cheron, l'apôtre et le patron du diocèse, comme parlaient encore nos rituels du quinzième siècle, l'église la plus éminente du diocèse après l'insigne église cathédrale de la bienheureuse Vierge Marie, comme parlent les graves hagiographes du dix-septième siècle. »

Rendues par l'évêque Goslen à la fervente congrégation ranimée par le grand Ives de Chartres, l'église et l'abbaye de Saint-Cheron, avec tout le territoire de leur dépendance, furent prises par cinq papes sous la protection immédiate de l'Eglise romaine et exposées à la fureur de l'ennemi pendant les siéges de Chartres, et, plusieurs fois ruinées par les guerres, elles furent toujours reconstruites par la reconnaissance des fidèles, en faveur de qui le saint martyr multipliait ses bienfaits.

Au seizième siècle la colline privilégiée vit s'élever, à côté de la basilique de Saint-Cheron, un des premiers grands séminaires érigés conformément à l'un des plus importants décrets du concile de Trente. Il fut prospère jusqu'à la Révolution, qui vint, hélas! renverser et le petit séminaire et le sanctuaire miraculeux. La profanation ne devait pas trop tarder à être réparée. Le 14 novembre 1825, une nouvelle maison, élevée sur le tombeau de Saint-Cheron, s'ouvrait comme petit séminaire diocésain.

Cette belle école ecclésiastique n'a eu jusqu'à présent que deux supérieurs : M. l'abbé Louis Chouet, qui la dirigea pendant trente-six ans, et M. l'abbé Ychard, qui la gouverne depuis 1861 avec le même zèle et le même succès que son vénéré prédécesseur. En cinquante années d'existence le petit séminaire de Saint-Cheron a déjà fourni environ quatre-cents prêtres.

Cette maison pourrait nous donner lieu à d'intéressantes remarques. Nous nous contenterons de signaler ce fait : à Saint-Cheron, les études sont présidées uniquement par des élèves ; les dix plus distingués de la seconde et de la rhétorique se partagent cette fonction, en se contrôlant eux-mêmes ; et nulle part la discipline n'est mieux observée ni plus aimée.

Un des plus doux souvenirs de notre vie sera de nous rappeler la sympathie chaleureuse avec laquelle ces jeunes gens et ces enfants d'une contrée qu'on dit peu enthousiaste ont accueilli, ont compris, ont senti les paroles que nous reproduisons d'après la demande qui nous en a été faite.

A Saint-Dizier, à Langres, à Nancy, à Pont-à-Mousson, à Lunéville, nous avons parlé en d'autres termes des devoirs que les malheurs de la patrie imposent aux jeunes générations. Partout, notre parole a trouvé de l'écho dans les cœurs de tous ceux qui nous ont entendu. Donc, espoir, espoir quand même.

LA TRISTESSE PATRIOTIQUE

LE PÈLERINAGE DE METZ

Messieurs,

Mes chers amis,

Vous attendez une conférence littéraire. C'est un discours patriotique que je me propose de vous adresser. Je réclame votre plus religieuse et votre plus vaillante attention. Vous n'êtes point de cette race égoïste qui ne veut que s'endormir dans une lâche insouciance pour tout ce qui n'est pas son plaisir et son infime intérêt, quitte à se réveiller au milieu des catastrophes et des ruines. Non, je vous connais, vous n'êtes point de ces natures abaissées. C'est pourquoi, remettant à une autre fois à vous reparler des chers objets de vos études, j'oserai aujourd'hui ne vous faire entendre que des paroles austères. Appliquez, je vous en conjure, tout votre bon vouloir à me soutenir dans une tâche difficile. Et cet effort ce n'est pas en mon nom seul que je vous le demande, mes chers amis. L'entretien que je veux avoir avec vous en ce jour, je le considère comme l'acquit d'une commission que j'ai cru m'être donnée pour vous, pour toute la jeunesse française, pour tous les bons catholiques, pour tous les patriotes, par un confesseur de la foi et du patriotisme, vénérable entre tous, Mgr l'évêque de Metz.

Mais répéter des paroles de l'évêque de Metz devant une grande réunion de jeunes Français, n'est-ce pas téméraire, n'est-pas périlleux? Malheur et honte des temps où nous vivons! Une telle crainte être possible! Une telle crainte être fondée!...

Mes jeunes amis, je ne veux ni apporter dans vos esprits le trouble des préoccupations politiques, ni les assombrir par de trop douloureuses pensées. Soyez tout entiers à l'étude, à la piété, aux sentiments de la famille ; goûtez tous les bonheurs et toutes les joies de votre âge. Oh! la joie de l'enfance, la délicieuse chose! et en général la joie, la bonne et saine joie, que c'est bienfaisant! Naguère, dans une réunion semblable à celle-ci, à l'occasion d'une fête collégiale, je parlais avec quelque développement de la joie, et la sainte Écriture, que je ne puis me lasser de lire et de relire depuis nos malheurs, la sainte Écriture me fournissait sur ce sujet une abondance de textes.

Elle m'en fournit, sur la tristesse, un nombre non moins considérable. Ces textes peuvent, je crois, être utilement soumis à vos méditations. Osons en repasser quelques-uns ensemble, et voyons quelles leçons nous en devons tirer au milieu d'événements dont il est impossible que personne, grands ou petits, hommes ou enfants, détourne complétement sa pensée.

La Bible nous parle d'abord d'une tristesse mauvaise et funeste :

La tristesse de l'âme abat l'esprit, *in mœrore animi dejicitur spiritus.* (*Prov.*, xv, 13.) La joie de l'esprit rend les corps pleins de vigueur, et la tristesse du cœur dessèche les os. (*Ib.* xvii, 22.)

La tristesse du cœur est une plaie universelle.....

La tristesse en a tué plusieurs, et elle n'est bonne à rien. (*Ecclesiastic.*, xxvi, 17 ; xxx, 25.)

A côté de cette tristesse énervante et stérile, il y a une tristesse fortifiante et féconde. Il y a la tristesse produite par la vue du mal, par le spectacle de la victoire du mal, par l'oppression de tout ce qu'on aime, de tout ce qu'on doit protéger et défendre. L'expression de ces grandes et légitimes douleurs retentit dans les paroles du prophète Michée, prédisant la ruine et la captivité de Samarie et de Jérusalem :

C'est pourquoi je m'abandonnerai aux plaintes, je ferai retentir mes cris, je déchirerai mes vêtements ; je pousserai comme les dragons des hurlements, et comme les autruches des sons lugubres. (*Michée*, i, 8.)

Qui pourrait n'être point pénétré de cette tristesse généreuse, après avoir vu non-seulement les malheurs de la patrie, mais ses défaillances, ses hontes, ses folies..., et puissent-elles être les dernières ! *Defunctum utinam hoc sit modo!* comme disait Térence (1) ; après avoir vu le triomphe désespérant de cette

(1) *Adelph.* III, IV, 63.

maxime si justement réfutée par Platon dans le premier livre de sa *République* : « La justice est ce qui est le plus avantageux au plus fort, » ou, selon une traduction trop connue, hélas! *la force prime le droit!*

C'est de cette tristesse-là que je suis rempli, mes amis, c'est celle-là que je crois utile d'insinuer au fond de vos âmes, si elle n'y était pas déjà, et de nourrir, si elle y a pénétré. Cette tristesse, elle oppresse sans cesse mon cœur, depuis les années maudites qui s'appellent 1870-1871, et j'en suis plus accablé que jamais depuis un récent voyage, réitéré coup sur coup, et que je voudrais vous engager à faire aussi, quand vous le pourrez : le voyage de Metz. Au lieu de voyage, j'aurais dû dire pèlerinage!

En ces dernirs temps, l'ardeur pour les pèlerinages s'est singulièrement augmentée en France. Pèlerins de La Salette, pèlerins de Lourdes, pèlerins de Paray-le-Monial, pèlerins d'Issoudun, pèlerins de Sainte-Anne d'Auray, pèlerins de Notre-Dame de Chartres, pèlerins de Notre-Dame de l'Espérance, pèlerins de Cléry, toutes les routes de France en sont remplies, par toutes les saisons; leur nombre est si prodigieux qu'on ne pourrait le croire si des chiffres authentiques ne l'attestaient : 3,509,208, dans la seule année 1873. Ç'a été un ébranlement général de toutes les âmes souffrantes, croyantes, affamées d'espérance, ardentes à crier vers Dieu pardon et merci, pardon et merci pour les individus, mais aussi pardon et merci pour la commune patrie!

Que je serais consolé, que je serais fier, Messieurs et mes chers amis, si je pouvais, pour une part quelconque, être le promoteur d'un nouveau pèlerinage chrétien et patriotique! Et, vous le verrez bientôt, ce n'est pas moi seul qui vous le recommande. Il est conseillé à votre piété et à votre patriotisme par une grande voix, dont je ne suis que le faible écho.

J'ai donc vu Metz tombé aux mains prussiennes. Mais comment dire cela, mes amis, sans que les larmes et les sanglots n'arrêtent ma voix, sans que mon cœur ne soit déchiré au seul souvenir de ce que j'ai vu, de ce que j'ai éprouvé?

Dès l'entrée en Lorraine, quel saisissement douloureux! que de souffrance à se rappeler tant d'humiliations, une oppression si longue et finie à peine de la veille! Le cher évêque de Nancy, mon ancien condisciple, mon ami de tous les temps, qui m'avait pressé de visiter ses nombreuses et florissantes maisons d'éducation (1), m'a donné d'intimes et navrants détails touchant les maux qui ont pesé plus lourdement qu'ailleurs sur ces contrées. Là, il est vrai, et j'aime à le dire, à mon premier voyage, l'affliction dont mon âme avait été remplie fut tempérée par une joie bien grande. Le jour de la Fête-Dieu, la procession sortait pour la première fois depuis la guerre. Après avoir traversé une des plus belles rues de Nancy, que les Prussiens presque seuls avaient fréquentée pendant longtemps, elle vint aboutir à la vaste caserne dont l'ennemi avait fait son quartier général pendant près de trois ans. Quel changement ! Toute cette rue était jonchée de verdure et de fleurs, tapissée de riches tentures, au milieu desquelles brillaient toujours des insignes religieux. Au centre de la caserne affranchie, s'élevait un grand autel, construit par les soldats uniquement avec des pièces d'armes. Il était surmonté de la statue de la Vierge reposant sur un tambour, et une large banderole, attirant les regards de l'immense multitude, portait ces mots en lettres d'or : AU DIEU DES ARMÉES. Toute la garnison était là, sous les armes, émue, attendrie, recueillie, redevenue tout entière chrétienne par patriotisme.

Réconforté par ce spectacle de bon augure, je continuai mon douloureux voyage.

Je fis un second arrêt à Pont-à-Mousson, situé à mi-chemin entre Nancy et Metz. Quelques-uns de vous, peut-être savent que Pont-à-Mousson, traversé par la Moselle, tire son nom d'une montagne appelée Mousson. Je la gravis. Les ruines encore imposantes de fortifications qui remontent aux Romains me portèrent à d'affligeantes réflexions. Je savais que les généraux prussiens, qui occupèrent Pont-à-Mousson presque dès nos premiers désastres, avaient déclaré que quelques pièces d'artillerie placées sur cette hauteur auraient suffi pour arrêter le passage de l'armée envahissante. Là comme ailleurs, comme partout, rien ne fut tenté ; c'est ainsi qu'on avait négligé de défendre les hauteurs qui dominent la place de Toul, et d'où elle fut bombardée. La légèreté française songe aux précautions quand le mal est accompli.

(1) La Malgrange, dont le groupe, la Malgrange proprement dite, près de Nancy, la Maison des Étudiants et l'Ecole Saint-Léopold, à Nancy, comprend plus de cinq cents élèves ; le petit séminaire de Pont-à-Mousson, et l'institution du bienheureux Fourier, à Lunéville.

Le génie militaire s'occupe aujourd'hui à fortifier cette position, qui aurait pu être si redoutable aux ennemis.

Abîmé dans les plus tristes idées, je m'arrêtai longtemps à contempler du haut de la montagne de Mousson la vallée de la Moselle qui se déroule si belle, si riche, si doucement pittoresque. Mais, seulement à quelques centaines de pas, devant moi, j'apercevais un tout petit ruisseau, la Seille, et ce ruisseau c'était la frontière que nous ont tracée les Prussiens! Plongeant mes regards plus loin, à l'horizon, j'apercevais une masse imposante, surmontée d'une flèche aérienne : c'était la cathédrale de Metz livrée aux Prussiens! et, sur les coteaux les plus élevés, des forts redoutables : c'étaient nos boulevards de l'Est livrés aux Prussiens !

Le lendemain de cette ascension faite avec quelques professeurs du petit séminaire de Pont-à-Mousson, qui purent me donner des détails bien exacts et bien circonstanciés, je poursuivis ma route. Le parcours n'était plus long, mais qu'il est douloureusement entravé! A quelques lieues de l'ancienne capitale de la Moselle, le train s'arrête, et l'on vous avertit que vous n'êtes plus en France, qu'il faut quitter les wagons français pour les wagons prussiens, en passant par l'inspection de la douane prussienne. Vous avez beau être prévenu d'avance, la stupéfaction vous saisit. Vous criez : Mais non, c'est impossible! je vois bien, je sens bien que je suis toujours en France! Les vainqueurs ne peuvent pas violenter ainsi la force des choses, et prétendre fixer la limite d'un grand État, en posant une borne au milieu d'un champ, en installant leur douane au milieu de ce champ!... Il faut bien subir la cruauté du fait; mais nul Français ne passera par là sans éprouver une indignation égale à sa douleur. Il semblerait que cette douleur ne pût être dépassée. Cependant, en arrivant à Metz, qu'elle s'augmente atrocement!

Voir notre plus solide rempart occupé par l'ennemi qui l'agrandit chaque jour, qui y braque continuellement de nouveaux canons contre nous, et entendre assurer que ce rempart n'a pas été pris, mais livré; voir les campements où, pendant trois mois, en face d'un ennemi peu supérieur en nombre et nullement rassuré, une armée française de 150,000 hommes a été condamnée à une inaction dont la postérité la plus reculée s'étonnera; sur les remparts, hors des remparts, dans les forteresses et hors des forteresses, dans la plaine, dans les casernes, sur les places publiques et dans les rues de la ville, voir la fiévreuse activité d'un vainqueur qui semble préparer, pour un jour rapproché, de nouveaux envahissements; voir Metz entier inondé des flots de ces orgueilleux soldats, de ces hautains employés de police plus nombreux peut-être que les Français qu'ils gardent, et qui, silencieux et mornes, s'écartent d'eux; non-seulement les voir, mais entendre partout, sur le pavé sonore, le bruit sinistre de leurs bottes éperonnées; voir aux mains des Prussiens tous nos monuments publics, et même ces précieuses archives où tant de fois je suis allé chercher les plus anciens titres de la langue française; être obligé, pour pénétrer dans ces sanctuaires si français, de demander l'autorisation d'un préfet prussien; voir tout ce qui reste d'institutions et de fondations catholiques tomber l'une après l'autre, jour par jour, heure par heure; entendre les douloureux récits, les lamentables confidences du petit nombre de Français restés sur le sol natal; apprendre les détails trop certains qui prouvent que la trahison seule, qu'on l'appelle du nom de politique ou de tel nom qu'on voudra, que la désertion du devoir seule, ou du moins plus que toute autre cause, a mis la noble et puissante cité de Metz aux mains de l'ennemi; voir et entendre tout cela est une souffrance qui dépasse les forces humaines. On se sent « les os brisés et humiliés de douleur, » comme dit le Psalmiste (1); on se demande comment on peut vivre encore après avoir vu, après avoir entendu tout cela, et il semble que la vie soit réellement suspendue en vous quand on a vu, quand on a entendu tout cela ! C'est un affaissement, c'est un étourdissement dont on a bien de la peine à se remettre.

Ces impressions douloureuses furent un jour portées chez moi au dernier degré de violence. J'avais traversé cette magnifique esplanade, autrefois rendez-vous favori des Messins, et désertée par les Français depuis que la ville est sous le joug de l'ennemi, depuis qu'une musique allemande exécute des concerts sous ces beaux ombrages, au milieu de ces parterres de fleurs, en face de la statue du maréchal Ney ! Un radieux soleil de printemps brillait. Accoudé sur la rampe, je laissais errer mon regard, mouillé de larmes, sur la plaine fertile où serpente, comme

(1) *Ps.*, L, 10.

en se jouant, la Moselle ; sur ces verdoyants coteaux qui se prolongent à perte de vue. Oh ! les belles et douces collines ! quelle irrésistible mélancolie s'empare de vous devant ce charmant spectacle ! et que la joie serait grande à le contempler longuement, si la douleur qui vous saisit soudain, ou plutôt qui ne cesse de vous tenir sous son étreinte, n'était si atroce !

Les joyeux airs de la musique prussienne me chassèrent de cette place. Je franchis les murs de la ville, et j'allai m'asseoir sur une de ces collines que j'avais aperçues du haut de la plateforme de Metz. Là, tout seul, en face de la nature, je livrai mon âme tout entière à la rêverie, à la tristesse, à la douleur, aux gémissements, presque au désespoir. Accablé, hors de moi, je sentis le besoin d'une force supérieure pour m'empêcher de succomber. Cette force, je la cherchai dans la lecture de l'Écriture sainte. J'avais sur moi une petite Bible grecque. Dieu guida ma main quand je la feuilletai.

Je lus des paroles de tristesse, d'abattement, bien conformes à l'état de mon âme :

Il m'a déchiré, il m'a fait plaie sur plaie, il est venu sur moi comme un géant. (*Job*, XVI, 15.)

Où est donc maintenant toute mon attente? Et qui est celui qui considère ma patience? (*Job*, XVII, 15.)

Il m'a dépouillé de ma gloire, et il m'a ôté la couronne de dessus la tête. Il m'a détruit de tous côtés, et je péris ; il m'a ôté toute espérance, comme à un arbre qui est arraché. (*Job*, XIX, 9, 10.)

Ayez pitié de moi, vous du moins qui êtes mes amis, ayez pitié de moi, car la main du Seigneur m'a frappé. (*Job*, XIX, 41.)

Mon œil, mon âme et mes entrailles étaient tout troublés par la colère (*Ps.*, XXX, 11.)

Pourquoi m'avez-vous oublié? Et pourquoi faut-il que je marche tout accablé de tristesse, tandis que je suis affligé par l'ennemi? (*Ps.*, XLI, 13.

Vous nous avez rendus un sujet d'opprobre à nos voisins, et un objet d'insulte et de moquerie à ceux qui sont tout autour de nous.

Vous nous avez fait devenir la fable des nations, et les peuples secouent la tête en nous regardant. (*Ps.*, XLIII, 15, 16.)

Jusqu'à quand, Seigneur, vous mettrez-vous en colère, comme si votre colère devait être éternelle? jusqu'à quand votre fureur s'allumera-t-elle comme un feu? (*Ps.*, LXXVIII, 5.)

Je lus des paroles qui m'expliquaient les principes des grandes calamités et les causes de l'abaissement et de la chute des nations :

Si mon peuple m'avait écouté, si Israël avait marché dans mes voies,

J'aurais pu humilier facilement leurs ennemis ; et j'aurais appesanti ma main sur ceux qui les affligeaient. (*Ps.*, LXXX, 12, 13.)

Mes yeux ont répandu des ruisseaux de larmes, parce qu'ils n'ont pas gardé votre loi. (*Ps.*, cxviii, 136.)

Comme le déluge a inondé toute la terre, ainsi sa colère sera le partage des nations qui ne se sont pas mises en peine de le rechercher. (*Ecclesiastic.*, xxxix.)

Votre malice vous accusera, et votre éloignement de moi s'élèvera contre vous. Sachez et comprenez quel mal c'est pour vous, et combien il vous est amer d'avoir abandonné le Seigneur votre Dieu et de n'avoir plus ma crainte devant les yeux, dit le Seigneur, le Dieu des armées. (*Jérém.*, ii, 19.)

Le joug que m'ont attiré mes iniquités m'a accablé tout d'un coup, la main de Dieu en a fait comme des chaînes qu'il m'a mises sur le cou. (*Lament. de Jérémie*, i, 14.)

Ce peuple sans intelligence sera châtié. (*Osée*, iv, 14.)

Je lus des paroles qui m'enseignaient quels sont les seuls moyens offerts aux nations comme aux individus pour se régénérer et se relever :

Il réserve le salut comme un trésor pour ceux qui ont le cœur droit, et il protégera ceux qui marchent dans la simplicité. (*Prov.*, i, 7.)

Ce sera en vous que nous trouverons la force de renverser nos ennemis; et, en invoquant votre nom, nous mépriserons tous ceux qui s'élèvent contre nous. (*Ps.*, xliii, 7.)

Souffrez les retardements de Dieu, et demeurez uni à Dieu, et ne vous lassez point d'attendre. Demeurez en paix dans votre douleur, et au temps de votre humiliation conservez la patience. (*Ecclesiastic.*, iii, 4.)

Ayez confiance en Dieu, rendez votre voie droite, et il vous tirera de tous ces maux. (*Ecclesiastic.*, ii, 6.)

Je lus des prières que l'opprimé répétera éternellement quand il gémira sous le joug de l'oppresseur :

Tirez-moi, mon Dieu, d'entre les mains du pécheur et de la puissance de celui qui agit contre votre loi. (*Ps.*, lxx, 5.)

O Dieu, Seigneur de toutes choses, ayez pitié de nous ; regardez-nous favorablement, et faites-nous voir la lumière de vos miséricordes. Répandez votre terreur sur les nations qui ne se mettent point en peine de vous rechercher... Etendez votre main sur les peuples étrangers, et faites-leur sentir votre puissance. (*Ecclesiastic.*, xxxvi, 1, 2, 3.)

Ne nous confondez pas; mais traitez-nous selon votre douceur, et selon la multitude de vos miséricordes. Délivrez-nous par les merveilles de votre puissance, et donnez, Seigneur, gloire à votre nom. (*Daniel*, iii, 42, 43.)

Je lus de terribles menaces contre ceux qui abusent de la victoire et de la force :

Quand son orgueil s'élèverait jusqu'au ciel, et que sa tête toucherait les nues,

Il périra à la fin, et il sera rejeté comme un fumier, et ceux qui l'avaient vu diront : Où est-il? Il s'évanouira comme un songe dont on a perdu le souvenir, et il disparaîtra comme un fantôme de nuit. L'œil qui l'avait vu ne le verra plus, et le lieu où il était ne le reconnaîtra plus. Ses enfants seront accablés de pauvreté, et ses propres mains lui rendront le mal qu'il a fait aux autres. (*Job*, xx, 5, 6, 7, 8, 9, 10.)

Malheur à vous qui pillez les autres : ne serez-vous pas aussi pillé? Malheur à vous, qui méprisez les autres : ne serez-vous pas aussi méprisé? Lorsque vous aurez achevé de dépouiller les autres, vous serez dépouillé; lorsque vous serez las de mépriser les autres, vous tomberez dans le mépris. (*Is.*, xxxiii, 1.)

Je lus des paroles d'espérance et d'exultation, des chants de triomphe qui me transportaient à des jours vers lesquels mon âme s'élançait d'un bond impétueux :

Je ne cesserai jamais d'espérer, et je vous donnerai toujours de nouvelles louanges. (*Ps.*, lxx, 15.)

Le Seigneur m'a châtié pour me corriger; mais il ne m'a point livré à la mort. (*Ps.*, cxvii, 18.)

Le Seigneur des armées fera connaître sa grandeur dans son jugement; le Dieu saint signalera sa sainteté en faisant éclater sa justice. (*Isaïe*, v, 16.)

Vous finirez enfin vos pleurs, il vous fera certainement miséricorde; lorsque vous crierez à lui, il n'aura pas plutôt entendu votre voix qu'il vous répondra. (*Is.*, xxx, 19.)

Le Seigneur vous attend, afin de vous faire miséricorde, et il signalera sa gloire en vous pardonnant; parce que le Seigneur est un Dieu d'équité. Heureux tous ceux qui l'attendent! (*Is.*, xxx, 18.)

Soyez béni, Seigneur Dieu de nos pères, et que votre nom soit loué et glorifié dans tous les siècles; parce que vous êtes juste dans tout ce que vous nous avez fait, que toutes vos œuvres sont fondées dans l'équité, que vos voies sont droites, et que tous vos jugements sont justes et véritables. (*Daniel*, iii, 26, 27.)

Je ne m'arrêterai ni à développer, ni à interpréter devant vous ces textes sacrés. Ils portent en eux-mêmes leur lumière, il en jaillit une flamme qui va tout de suite échauffer les cœurs; et ce feu divin n'a point laissé vos cœurs froids, n'est-ce pas, mes amis?

Je me contenterai, si vous l'agréez, de vous présenter rapidement quelques réflexions générales pour stimuler la bonne volonté dont vous êtes déjà tous remplis, pour affermir encore, si je le puis, les résolutions viriles et généreuses que vous avez déjà prises, ou que vous voulez prendre tous.

« Interrogez les races passées, consultez avec soin les histoires de nos pères (1), » et vous ne trouverez pas d'exemple de calamités et d'humiliations pareilles à celles dont nous avons vu

(1) *Job*, viii, 8.

accabler la France. Une douloureuse tristesse s'impose donc au cœur de tout Français, jusqu'au jour du relèvement de la patrie ; mais il ne faut pas que ce soit une tristesse stérile. Saint Augustin, parlant d'une épouvantable calamité de son temps, la prise de Rome en 410 par Alaric, chef des Visigoths, disait : « Il n'est point en votre puissance de souffrir ou de ne souffrir pas ; mais quant à vos actions, elles sont le fruit de votre volonté bonne ou mauvaise (1). » Chers enfants, que mon regard contemple avec amour, parce que vous nous sauverez, je l'espère d'une espérance qui fait partie de ma vie : *Reposita est hæc spes mea in sinu meo* (2) ; chers enfants, combien il importe que la détermination de votre volonté soit pour des actions viriles, pour une vie non-seulement bonne, honorable, chrétienne, mais pour une vie héroïque ! Car, je vous le disais déjà, il y a deux ans, l'héroïsme de la vertu est commandé à votre génération, à votre génération tout à la fois malheureuse et prédestinée.

D'abord, pour répondre à votre vocation et à vos devoirs envers le pays, appliquez toute l'énergie de vos efforts à devenir tous des hommes sérieusement capables, et pouvant rivaliser, dans toutes les carrières, avec ce qu'il y a de plus distingué chez l'ennemi qui nous a si terriblement montré sa supériorité. Ne vous contentez pas d'un savoir superficiel ; armez votre esprit de toutes pièces, donnez à toutes ses facultés absolument tout le développement dont elles sont capables. En acquérant des connaissances aussi profondes que variées, vous acquerrez quelque chose de bien supérieur aux connaissances : cette poursuite constante et obstinée non-seulement du bien, mais du mieux, vous donnera la force de la volonté. Et au jour où elle aura besoin de vous, la France pourra compter sur votre bras, sur votre intelligence, sur votre dévouement invincible, quelque poste qu'elle vous ait assigné.

Je ne dirai rien des choses militaires. Si quelques-uns d'entre vous doivent un jour servir la France par les armes, ils feront leur devoir. Dans cette maison chrétienne, bien mieux encore qu'à l'école de Platon (3) ; ils se seront familiarisés avec les idées de la tempérance, de la force, de la générosité, de la grandeur

(1) *De la ruine de Rome*, c. III.
(2) *Job*, XIX, 27.
(3) Voir la *République*, L, III.

d'âme et des autres vertus. Tout naturellement donc ils seront d'admirables soldats.

Un grand nombre des jeunes gens qui m'écoutent auront un jour l'honneur insigne d'être revêtus du sacerdoce. A ceux-là, si l'on me le permet, je dirai quelques·mots particuliers, parce que leur tâche est bien grande aux jours où nous vivons. Ils peuvent servir la patrie mieux encore que les meilleurs soldats : la formation des hommes est entre leurs mains. Futurs ministres de Dieu, ne négligez aucun de ceux sur qui vous pourrez avoir action. Ayez un soin spécial du paysan dont le rôle et l'impor-tance sont si considérables, aujourd'hui que par le droit de voter il dispose des destinées de la nation. Combattez partout une, ignorance funeste ; « Instruisez, instruisez encore, instruisez nstruisez encore : *Manda, remanda, manda, remanda,* » vous dirai-je avec Isaïe (1). Apprenez à ces laboureurs, à ces ouvriers, à s'estimer eux-mêmes. Relevez leur dignité à leurs propres yeux. Faites-leur aimer le bien, non pas seulement en hommes et en chrétiens, mais aussi en patriotes. Ah! sachez faire vibrer cette corde du patriotisme au profit de la vertu. Le bien et le mal sont choses absolues; cependant, à certaines époques, le bien est encore plus commandé, le mal encore plus défendu. Dites sans cesse à tous ceux à qui vous vous adresserez en public, à tous ceux que vous entretiendrez individuellement, qu'aujourd'hui être ignorant et immoral, ce n'est pas seulement manquer à sa dignité d'homme et à son devoir de chrétien, c'est encore être lâche et traître à la patrie.

J'ai déjà demandé un long effort à votre attention, mes amis; il est temps que je m'acquitte plus explicitement de ce que je veux regarder comme une commission sacrée. Ecoutez :

Lors du second de mes voyages de l'année 1874 à Metz, avant de partir, j'allai, comme au premier, saluer le vénérable prélat que de nouveaux coups frappés sur les établissements catholiques plongeaient dans la consternation. Quelle entrevue touchante pour moi ! Quel entretien inoubliable, et que je vou-drais pouvoir, messieurs et chers amis, vous le redire dans son entier ! Une cruelle réserve m'est imposée. Vos cœurs devine-ront ce que je ne puis dire. Je vous répéterai seulement les der-

(1) xxviii, 10.

nières paroles que me dit ce grand prélat, que « Dieu tient lié sous la puissance de l'injuste (1) : »

« Dites à l'illustre évêque d'Orléans que je lui demande de ne pas oublier Metz, de parler quelquefois de Metz dans ses écrits et dans ses discours; qu'il prie bien pour nous : car si Dieu ne venait à notre secours et ne changeait les dispositions des puissants, avant dix ans c'en serait fini dans ce pays pour tout ce qui est institution catholique. Et vous, monsieur, puisque vous visitez beaucoup de maisons d'éducation chrétienne, et que vous parlez souvent aux jeunes gens, dites à cette brave jeunesse de mon pays qu'elle aussi pense à Metz, qu'elle prie pour Metz, qu'elle vienne voir Metz. Je voudrais que chaque Français catholique fît une fois dans sa vie le pèlerinage de Metz. »

Vous voyez, messieurs et mes amis, quelle était cette grande voix qui vous recommandait ce nouveau pèlerinage.

Que tous ceux d'entre vous qui en auront la faculté le fassent un jour ou l'autre. Qu'ils commencent par aller prier dans cette magnifique cathédrale, que des mains prussiennes sont en train de restaurer et de transformer, tandis que ces mêmes mains prussiennes entreprennent d'élever un temple protestant dont ils veulent que le faîte dépasse de beaucoup la flèche catholique. Puis, je leur conseille d'aller, comme moi, s'asseoir sur une des collines qui dominent Metz et d'y faire aussi une lecture de la sainte Bible. S'ils m'en croient, qu'ils lisent de préférence les passages qui me firent tant de bien à moi-même.

Je finis, et c'est encore par l'Écriture sainte que je terminerai. Tout est dans la Bible, messieurs, et, vous l'avez déjà vu, le patriotisme s'y alimente comme la piété. Écoutez donc une dernière parole que je vous invite à comprendre largement et à méditer sans cesse; c'est Jésus qui vous dit, pour soutenir tout ensemble votre foi et votre patriotisme : « Si vous demeurez fidèles à ma parole, vous connaîtrez la vérité, et LA VÉRITÉ VOUS DONNERA LA LIBERTÉ, » *veritas liberabit vos* (2).

O vénérable évêque de Metz, au nom duquel j'ai en ce jour porté la parole devant cette généreuse jeunesse, j'espère que je vous enverrai des pèlerins, qu'il vous en arrivera de tous les points de la France, et la génération qui vous aura vu, qui vous aura entendu, sera capable de vous affranchir.

(1) *Job*, xiv, 12.
(2) *Joann.*, viii, 32.

Messieurs, bien d'autres délivrances se feront, bien d'autres miracles s'accompliront, si nous savons le vouloir. Convertissons-nous tous, transformons-nous tous ! Soyons absolument tout ce que nous pouvons et devons être ; faisons tout ce que nous pouvons et devons faire ; que Dieu, principe de toute grandeur morale, soit content de nous, et la France rentrera dans ses limites naturelles et nécessaires, elle retrouvera des jours d'une splendeur toute nouvelle. Nous éprouverons la vérité de ces paroles de Salomon : « Il n'y point de sagesse, il n'y a point de prudence, il n'y a point de conseil contre le Seigneur (1), » et nous pourrons dire avec Isaïe :

« Assemblez-vous, peuples, et vous serez vaincus ; peuples éloignés, peuples de toute la terre, écoutez : réunissez vos forces et vous serez vaincus ; prenez vos armes, et vous serez vaincus ;

« Formez des desseins, et ils seront dissipés ; donnez des ordres, et ils ne s'exécuteront point, parce que Dieu est avec nous (2) ! »

(1) *Prov.*, xxi, 30.
(2) *Isaïe*, viii, 9, 10.

4467. — PARIS. IMP. JULES LE CLERE ET Cⁱᵉ, RUE CASSETTE, 29.